Viribus unitis

Wie könnte die europäische Cultur nach Bosnien verpflanzt werden?

Josef von Neupauer

Alpha Editions

This edition published in 2022

ISBN : 9789356710443

Design and Setting By
Alpha Editions
www.alphaedis.com
Email - info@alphaedis.com

I.

Behufs Civilisirung und wirthschaftlicher Hebung des Occupationsgebietes auf der Balkanhalbinsel wird folgender Vorschlag gemacht.

Es wird eine Actiengesellschaft mit einem Actiencapitale von 30 Millionen Gulden unter der Firma »Zadruga« mit dem Sitze in Wien gebildet; die Actien lauten auf den Betrag von 200 fl. und auf den Inhaber. Es werden zunächst 40% des Actiencapitals eingezahlt und die weiteren 60% nach Massgabe des Bedürfnisses eingefordert. Nach voller Einzahlung des Actiencapitals können mit Genehmigung der Regierung Prioritäten bis zum Maximalbetrage von 60 Millionen ausgegeben werden.

Das Verwaltungsgebiet der occupirten Länder garantirt die Rückzahlung des Actiencapitals sammt 5% Interessen innerhalb 50 Jahren.

Der »Zadruga« wird das Recht eingeräumt, auf dem Occupationsgebiete ein im voraus festgesetztes, zusammenhängendes Terrain bis zur Maximalausdehnung von 250 Quadrat-Meilen dergestalt successive, nöthigenfalls durch Expropriation zu acquiriren, dass nicht nur aller Grund und Boden, sammt Häusern, Bergwerken und Industrie-Etablissements, sondern auch alle Communicationen, Strassen, Wasserwege etc., etwa mit Ausnahme der bereits bestehenden Eisenbahnen, in deren Privateigenthum übergehen. Von diesem Rechte macht die »Zadruga« zunächst nur einen begrenzten Gebrauch und erweitert die Erwerbungen durch freien Handkauf und nöthigenfalls Expropriation nach Massgabe der materiellen, moralischen und civilisatorischen Erfolge, welche sie erzielt.

Die Regierung hält auf dem Gebiete der »Zadruga« mit Ausnahme einer Anzahl von Regierungscommissären weder Verwaltungs- noch Justiz- noch Finanz-Beamte, befreit das ganze Gebiet von jeder Art von Steuern und sonstigen Auflagen und bezieht dafür aus den Ueberschüssen der Verwaltung einen Pauschalbetrag, welcher mit 10 fl. pr. Kopf der jeweilig am 31. December des Vorjahres im Gesellschaftsgebiete conscribirt gewesenen Bevölkerung berechnet wird, welcher Pauschalbetrag aber von 5 zu 5 Jahren um je einen Gulden pr. Kopf steigt, somit im letzten Decennium der Concessionsdauer 19 fl. pr. Kopf erreicht.

Auch fällt dem Staate, beziehungsweise dem Lande, nach Amortisation des Gesellschaftscapitals sammt Zinsen oder gegen Rückzahlung des noch aushaftenden Actiencapitals sammt Zinsen das ganze immobile und mobile, im occupirten Terrain investirte Vermögen der Gesellschaft zu.

Macht die Regierung von der Einlösung vor Ablauf von 20 Jahren Gebrauch, so ist das Capital mit sechs ein halb Perzent zu refundiren.

Erfolgt die Einlösung später, so hat die Regierung zwar nicht für mehr als 5% Zinsen aufzukommen; die mit ihrer Genehmigung vertheilten höheren Dividenden werden aber nicht zurückerstattet. Die Regierung bestimmt den Zeitpunkt, von welchem ab die Actien durch Verlosung eingezogen werden, und den Verlosungsplan, sowie die bei der Verlosung zu beobachtenden Formalitäten.

Von dem Ueberschusse der Verwaltung, nämlich der Gesammtjahresproduction abzüglich der Verwaltungskosten und des Steuerpauschales dürfen keinesfalls mehr als sechs Perzent des Stammcapitals und die laufende Amortisationsquote herausgezogen werden.

Die sonstigen Ueberschüsse müssen unbedingt, auf Verlangen der Regierung aber auch der Mehrgewinn von 1 Perzent zur Ausdehnung des Unternehmens, zur Hebung der materiellen Lage und der intellectuellen und moralischen Qualität der Bewohner, zur Vermehrung des Viehstandes, Hebung der Landwirthschaft, Aufschliessung der Bergschätze und Begründung jener Industrieen, welche die Deckung des heimischen Bedarfes und die exportfähige Verarbeitung der Landesproducte ermöglichen, verwendet werden.

Innerhalb der ersten zwei Jahre wird gestattet, die fünfperzentige Verzinsung des Actiencapitals dem Capitale zu entnehmen, da diese beiden Jahre zur Vorbereitung des Unternehmens erforderlich sind.

Die Vertragsabschlüsse der »Zadruga,« sowie der Betriebsplan der Unternehmung, die Ernennung der Oberbeamten, die Aufstellung der Jahresbilanz und die Gewinnvertheilung bedürfen der Genehmigung der österreichischen Regierung und ist hier, sowie überall in dieser Schrift unter der österreichischen Regierung die gemeinsame Regierung und ihr Verwaltungsapparat verstanden.

Auch die Belastung des gesellschaftlichen Gebietes und die sonstige Contrahirung von Schulden bedarf der Regierungsbewilligung.

Die eigentliche Betriebsleitung ist nach Bosnien zu verlegen.

Bezüglich der Aufrechthaltung der Ordnung und Ruhe, bezüglich der Volksschule und der Volkserziehung, der sanitären Einrichtungen, dann bezüglich der Communicationen, Schutzbauten gegen Elementarschäden und der rationellen Einrichtung der Wald- und Feldcultur werden die weitestgehenden Anforderungen an die Gesellschaft gestellt und hat sie alle Anordnungen der Regierung, soweit sie durch die verfügbaren Mittel erfüllbar sind, bei Verlust der Concession und eines entsprechenden Theiles des Actiencapitales zu vollziehen. Auch wird sich die Regierung unter gewissen Voraussetzungen die Sequestration des gesellschaftlichen Vermögens vorbehalten.

Zur Sicherstellung der Erfüllung der von der Gesellschaft der Regierung gegenüber übernommenen Verbindlichkeiten steht es der Letzteren frei, das Pfandrecht bis zur Höhe eines Betrages von zehn Millionen Gulden auf dem beweglichen und unbeweglichen Besitze der Gesellschaft in der den Landesgesetzen entsprechenden Form zu erwirken.

Die Beziehungen der Gesellschaft zur Bevölkerung werden im administrativen Wege geregelt und entschieden, ebenso die familienrechtlichen Beziehungen der Einwohner untereinander und Verbrechen und Vergehen, welche nicht der disciplinaren Ahndung durch die Gesellschaftsorgane nach Analogie der Uebertretungen von Unmündigen und der Ordnungswidrigkeiten von Dienstleuten überlassen bleiben, werden von den Gerichten der angrenzenden Gebiete abgeurtheilt, auch die Strafen dort abgebüsst und vollzogen.

Einer besonderen Vereinbarung mit der »Zadruga« bleibt die Feststellung der Bedingungen vorbehalten, unter welchen sie sich innerhalb gewisser Grenzen verpflichtet, Findlinge, Waisen und erwerbsunfähige Bewohner des österreichisch-ungarischen Gebietes gegen mässiges Entgeld in Erziehung und beziehungsweise Verpflegung zu übernehmen, sowie auch besserungsfähige, besonders jugendliche Verbrecher aus diesen Ländern aufzunehmen, für welche der Strafvollzug während der Dauer ihres Aufenthaltes im Gebiete der »Zadruga« und unter der Voraussetzung eines tadellosen Verhaltens aufgeschoben bleibt und welchen nach Ablauf einer gewissen Zeit die Strafe ex lege erlassen ist.

Von jenen Spirituosen, welche bei der Erzeugung einer indirecten Abgabe unterworfen sind, hat die »Zadruga« weder bei der Erzeugung noch beim Consum auf ihrem Territorium eine Abgabe zu entrichten. Selbe ist nur von dem aus ihrem Gebiete ausgeführten Producte zu erheben. Dagegen werden ihr die indirecten Abgaben und die Finanzzölle von den zum Consum auf ihr Gebiet eingeführten Artikeln vergütet.

Bei der genauen Buchung der Production und Consumtion auf dem Gesellschaftsgebiete wäre die Controlle eine vollkommen ausreichende.

Für die Beförderung von Personen und Frachten auf den Communicationen des gesellschaftlichen Gebietes im Durchzugsverkehr hat die Gesellschaft zu sorgen und sind ihre Gebührentarife an die Genehmigung der Regierung gebunden.

Die Verträge mit fremden Ansiedlern müssen der österreichischen Regierung zur Genehmigung vorgelegt werden und wird deren Erfüllung seitens der Gesellschaft von der Regierung im administrativen Wege erzwungen.

Die Gesellschaft hat auch für jene Anordnungen, welche die Arbeitsleistung der Bewohner, die Art ihrer Erzwingung und die Aufrechthaltung der Disciplin betreffen, die Genehmigung der österreichischen Regierung einzuhohlen.

Entehrende und grausame Strafen sind ganz und gar ausgeschlossen und haben sich die Strafen auf Entziehung von Tabak und geistigen Getränken, Versetzung in eine geringere Classe von Arbeitern, zwangsweise Versetzung an einen anderen Aufenthaltsort oder zu schwereren und unbeliebteren Arbeiten, Vorenthaltung der Heiratsbewilligung auf eine Reihe von Jahren, bei besoldeten Arbeitern ausserdem auf Confiscation eines Theiles des gutgeschriebenen Lohnes, endlich Ausweisung aus dem Gebiete der »Zadruga« zu beschränken.

Mit Rücksicht auf die privatrechtliche Natur des Besitzes der Gesellschaft kann Niemand ein unbedingtes Recht des Aufenthaltes erwerben, ausgenommen durch Leistung der gesetzlich geregelten Arbeit durch die ganze Dauer der Arbeitsfähigkeit.

Confiscation des gutgebuchten Lohnes und strafweise Ausweisung setzt im Falle des Einspruches des Betreffenden die Bestätigung der österreichischen Verwaltungsorgane voraus.

Die Entlohnung der Arbeit erfolgt in der Regel durch Naturalleistungen, welche aber nicht nur die materielle Versorgung, sondern auch die Erhaltung der Familie, die Befriedigung der geistigen und moralischen Bedürfnisse und die Altersversorgung in sich begreifen.

Insoferne durch Vertrag auch ein Lohn in Geld bedungen ist, wird derselbe gutgeschrieben und kann dessen Auszahlung in Baarem nur unter der Voraussetzung gefordert werden, dass der Betreffende das Gebiet sammt seinen nicht mehr erwerbsfähigen Familiengliedern verlässt und auf Altersversorgung verzichtet.

Nimmt der Berechtigte aber die Altersversorgung für sich und jene Verwandten in Anspruch, für die er selbst zu sorgen hat, so muss er sich über eine Entschädigung, die aus seinem Guthaben zu leisten ist, mit der Gesellschaft verständigen, der es übrigens frei steht, ein solches Uebereinkommen abzulehnen und nach vorhergegangener Kündigung das Arbeitsverhältniss zu lösen, in welchem Falle die Auszahlung des Guthabens unter obiger Bedingung zu erfolgen hat.

II.

Es frägt sich nun, ob sich die Concessionirung einer solchen Gesellschaft mit den oben geschilderten Rechten vom rechtlichen, socialen, politischen und finanziellen Standpunkte rechtfertiget und wie das Capital beschafft werden kann.

Vom gesetzlichen Standpunkte ist die Concessionirung sicherlich statthaft, da die Expropriation in allen modernen Gesetzgebungen gestattet ist, wo das öffentliche Interesse in Frage kommt.

Das öffentliche Interesse ist aber offenbar und handgreiflich vorhanden, wenn durch obige Einrichtungen das Wohl von Hunderttausenden von Menschen, die materielle und geistige Cultur und die Wohlfahrt im Lande gehoben werden kann, wenn sie ein Mittel ist, die masslose Ausbeutung der Arbeit durch das Capital, die moralische und physische Verderbniss der Bewohner des von der Expropriation getroffenen Gebietes hintanzuhalten und andere Theile des Landes von gefährlichen Elementen zu reinigen.

Die Expropriation ist insbesondere durch folgende Betrachtung gerechtfertiget.

Das Land braucht vor Allem ein Netz von guten Communicationen.

Diese und die Production stehen aber im innigsten Zusammenhange. Wo die Production zurückbleibt, braucht man keine Communicationen, beziehungsweise sind die Mittel dazu nicht aufzubringen.

Wo aber Communicationen fehlen, kann die Production sich nicht heben. Würde die Regierung die Communicationen in systematischer Weise auf Kosten des Landes bauen, so würde Grund und Boden enorm im Werthe steigen und der Reichthum und die Macht der wenigen Grundbesitzer ausserordentlich erhöht werden, was vom politischen ebenso, wie vom socialen Standpunkte verkehrt wäre. Baut man aber nur einige Militärstrassen, so fehlt es denselben an Zufahrtsstrassen und sie haben einen geringen wirthschaftlichen Werth. Daher nun sehen wir, dass in Nordamerika die Landspeculation und die Schienenwege in Verbindung gebracht sind, wodurch es möglich wird, die Eisenbahnen durch unbewohnte Wildnisse zu führen und findet die Eisenbahngesellschaft dabei ihre Rechnung im Verkaufe der früher vom Staate billig erworbenen Ländereien.

Die Losung ist daher, zuerst Communicationen, dann Urbarmachung der Ländereien und Erhöhung ihrer Cultur. Aber wo es in der Cultur zurückgebliebene eingeborene Einwohner gibt, muss man noch weiter gehen und die Ländereien nicht verkaufen, sondern durch eine längere Periode selbst bewirthschaften.

Vom socialen Standpunkte ist die befürwortete Massregel gewiss gerechtfertigt.

Es ist Bosnien noch ein von der Cultur nicht beleckte s Land und wenn man daran geht, es der Cultur entgegenzuführen, ist es gewiss erwünscht, von Haus aus im administrativen Wege vorzusorgen, dass jene Auswüchse verhindert werden, die mit unseren wirthschaftlichen Einrichtungen im Allgemeinen verbunden sind und gegen welche, wenn sie einmal einreissen, kaum mehr Abhilfe gefunden werden kann.

Diese Länder stehen am Anfange einer wirthschaftlichen Entwicklung, deren Ende erfahrungsgemäss krasser Luxus und Ausschweifung neben grenzenlosem Elende ist und würde man es der Regierung gewiss Dank wissen, wenn sie dem Capital zu diesem Lande den Weg nur unter der Bedingung eröffnet, dass es dasselbe mit mässigem Gewinn befruchtet und den Nutzen mit dem Arbeiter redlich theilt. Dass auf diese Weise nicht nur das Land, sondern auch das Volk rasch der Cultur gewonnen wird, ist nicht zu bezweifeln.

Die Socialwissenschaft verspricht Ausserordentliches von der Organisation der Arbeit und wenn auch der Erfolg im Voraus nicht ermessen werden kann, so ist doch wahrscheinlich, dass die Gesellschaft jedem Bewohner bei mässiger Arbeit eine gesunde und reinliche Wohnung, reichliche Kleidung, endlich eine reichliche und vortrefflich bereitete Nahrung in öffentlichen Speisehäusern wird bieten können, dass an die Stelle elenden Brantweines gutes Bier und Wein treten wird, dass die Arbeiter guten Tabak rauchen, dass alle Arbeiten durch Maschinenbetrieb erleichtert werden.

Die Einwohner werden sich dann erst als Menschen fühlen können.

Die freie Zeit soll dem Arbeiter zur Erholung und geistigen Anregung dienen; man wird Spiele und Belustigungen, Schaustellungen aller Art einführen, die der Auffassung des Volkes entsprechen und Jedermann unentgeldlich offen stehen, man wird womöglich die traditionelle Volkspoesie entwickeln, den Gesang und den nationalen Tanz und dergleichen fördern und Allem schrittweise ein civilisirteres Gepräge zu geben trachten; man wird in Ermangelung anderer Zerstreuungen des Abends vom Priester, Arzt oder Lehrer Vorträge halten lassen, die anregen und belehren, zugleich aber erziehlich einwirken und das Volk daran erinnern sollen, wie seine Zustände sich verändert haben und um wie viel glücklicher unter der väterlichen Fürsorge des Kaisers sie sich gestalten als in anderen, viel reicheren Ländern und wird es bald möglich sein, den

Eindruck solcher Belehrungen durch kleine theatralische Productionen zu verstärken.

Diese Vorschläge mögen befremdend erscheinen, wenn wir aber an das panem et circenses der Römer, die Aufgabe der Aedilen und Anderes denken, was auch in alten Zeiten die Staatsklugheit ersonnen hat, so wird man finden, dass in den angedeuteten Richtungen nichts so unbedeutend ist, dass man es geringachten könnte. Man wird aber auch finden, dass man heute zu Tage, bei dem enorm gesteigerten Ertrag der Arbeit und der vorgeschlagenen Einschränkung des Capitalgewinnes ganz Ausserordentliches wird bieten können.

Dagegen tauscht man ein: Ablieferung der Waffen, Conscription der Bevölkerung, Beaufsichtigung jedes Einzelnen, Unausführbarkeit der Revolte und des bewaffneten Widerstandes, unausgesetzte Bearbeitung des Volkes zu Gunsten der kaiserlichen Regierung, der für Alles das Verdienst vindicirt wird.

Es ist nicht zu bezweifeln, dass die Zivilisirung des Volkes in Bosnien auf diese Weise leicht und rasch ausführbar erscheint, sonst aber schwerlich erreicht wird. Es ist dabei in Betracht zu ziehen, dass der Slave mehr als eine andere Nation zur Vergesellschaftung neigt und den Individualismus zu opfern bereit wäre. Es ist das vorgeschlagene System, besonders, da das Gesellschaftseigenthum schliesslich dem Staate, also dem Lande anheim fällt, eine Art von Ausdehnung des Systemes der Zadruga, wovon die Firma der Gesellschaft entlehnt ist.

Die Zadruga zeigt in ihrer Verfassung schon eine Fortentwicklung über den Begriff der Familie in germanischen und romanischen Ländern hinaus, da sie eine Vereinigung mehrerer verheirateter Familienglieder unter einem gemeinsamen, oft gewählten Oberhaupte darstellt, welche gemeinsamen Haushalt, meist mit Ueberlassung der Hauswirthschaft an die nach gewisser Reihenfolge sich ablösenden Frauen, führt. Freilich bleibt da noch Antheil des Einzelnen am Stammvermögen und Erbrecht aufrechterhalten. Es liegt der Einrichtung aber ein wesentlich wirthschaftlicher Gedanke zu Grunde und ist die Aufnahme Fremder in die Hauscommunion statthaft. Wo das System der Zadruga in Bosnien und der Herzegowina verbreitet ist, müsste man von jeder Expropriation auf lange hinaus absehen und die Aufmerksamkeit darauf richten, den freien Beitritt zu erlangen, was Anlass zur Begründung einer Art von Patriciat geben würde, welches auch durch Einkauf und Verleihung erworben werden könnte und gewisse Vorrechte in sich schliessen würde.

Es würden nämlich ohne Zweifel jüngere Glieder der Familien, vom Neuen angelockt, im gesellschaftlichen Gebiete vorübergehend Dienste nehmen und in die Hauscommunion zurückgekehrt, für den Anschluss

Propaganda machen. Die Expropriation würde sich daher auf den Grossgrundbesitz der Mahomedaner beschränken und auf politisch sehr gefährliche Elemente, welche keinen Anhang im Lande haben. Die Ausdehnung des gesellschaftlichen Territoriums würde mit der Zeit auch durch das System der Confiscation gefördert werden können, welches besonders bei Aufstand oder staatsgefährlichen Umtrieben andere, grausame und doch unwirksame, Strafen zu ersetzen hätte.

Der Beitritt von Hauscommunionen würde mittelst Verträgen erfolgen, welche nur allgemein geltende grundsätzliche Bestimmungen enthielten, deren Natur erst festgestellt werden könnte, nachdem genügende Erfahrungen gemacht worden.

Politisch ist die vorgeschlagene Massregel für den Fernerblickenden gewiss von unleugbarem Nutzen. Es ist nicht nur auf keine Weise der Regierungszweck, nämlich die Förderung des Volkswohles, besser und schneller zu erreichen, sondern im Falle des Gelingens des Unternehmens hätte Oesterreich die mit der Uebernahme des europäischen Mandats verbundene Aufgabe in ehrenvoller Weise gelöst und seinen Beruf documentirt, auf der Balkanhalbinsel weitere Erwerbungen zu machen.

Ja, nachdem höchst wahrscheinlich die rasche Ausdehnung der gesellschaftlichen Besitzungen durch Freihandankauf eine natürliche Folge des wirthschaftlichen Uebergewichtes sein wird, welches die Gesellschaft bald erlangen muss, braucht man nur darauf zu dringen, dass die Gesellschaft als Industrie- und Handelsgesellschaft in der Türkei und den anderen Balkanstaaten zum Geschäftsbetriebe, selbstverständlich ohne irgend welche Privilegien, zugelassen wird, um indirect auch auf solche Gebiete die Hand zu legen, die der österreichischen Verwaltung noch nicht unterstehen.

Es ist die grosse civilisatorische Aufgabe ins Auge zu fassen, welche die Geschichte Oesterreich gestellt zu haben scheint.

Wie einerseits der Stern Oesterreichs kurze Zeit zu erbleichen schien und in den letzten Jahren doch auf's Neue zu Tage tritt, welch' wichtige Stelle Oesterreich im europäischen Staatencomplexe einnimmt, haben andererseits nur kurze Zeit Ideen und volkswirthschaftliche Theorien regiert, mit welchen sich Oesterreich nur schwer abfinden konnte. Es sind das der wirthschaftliche und politische Liberalismus und das Nationalitäten-Princip. Diese Principien haben in überraschend kurzer Zeit abgewirthschaftet und der Staatskunst stehen Aufgaben bevor, in welchen gerade nur Oesterreich eine leitende Rolle zu übernehmen berufen ist. Der Freihandel hat Bankerott gemacht, der Industrialismus droht England zu ruiniren und man kommt allgemach zur Erkenntniss, dass die Nationalökonomie viel mehr auf Grund und Boden einerseits und auf tüchtiges Menschenmaterial andererseits, als auf Freihandel und übertriebenen Industrialismus zu fundiren ist.

Dadurch gelangen Agrarstaaten zu höherer Bedeutung. Die Industrie als Mittel, die Nachbarvölker auszubeuten, kann als allgemeiner wirthschaftlicher Factor offenbar nicht gedacht werden, denn wo Alles ausbeutet, kann doch nur eine Paralisirung der Bestrebungen Aller sich ergeben.

Aus diesem Grunde lässt sich England nicht copiren und von der schrankenlosen industriellen Production kein Heil erwarten.

Dagegen ist die staatlich geschützte und organisirte Industrie, welche sich nicht die Aufgabe stellt, Reichthümer aus den Nachbarstaaten zu ziehen, sondern dem Volke durch eigene Arbeit die Bedingungen höherer materieller und geistiger Wohlfahrt zu schaffen und nur das zu exportiren, was zum Austausch für nothwendige Güter erforderlich ist, die im Inlande nicht oder nicht mit Vortheil beschafft werden können, allerdings ein wirthschaftlich wichtiger Factor; diese Industrie ist aber bei gehörigem Schutze immer und überall binnen Kurzem zu schaffen, wo jungfräulicher Boden und gesunde Bewohner, von einer starken aber wohlwollenden Regierung geleitet, vorhanden sind.

Ebenso haben aber die constitutionellen Einrichtungen und der politische Liberalismus Bankerott gemacht. Man ist zur Ueberzeugung gekommen, dass die Parlamente nur dem Parteikampfe und den Sonderinteressen gewisser Classen dienen, dass sie niemals den Charakter einer eigentlichen Volksvertretung haben und dass die constitutionellen Regierungen alle Hände voll zu thun haben, um das Volk und das Staatsinteresse gegen die Vertretungskörper in Schutz zu nehmen. Die weitaussehenden Pläne der Politik, welcher doch Alles unterzuordnen ist, gestatten ihrer Natur nach ohnehin keine Verhandlung mit den Parlamenten. Es ist also das parlamentarische Regime nichts als ein Hemmschuh für alles Heilsame und eine Gefahr für die wahren Staatsinteressen.

Das Nationalitätenprincip ist ebensowenig mit dem österreichischen Staatsinteresse verträglich, wie der Industrialismus und das constitutionelle Princip und auch der Nationalitätenschwindel hat sich schon ausgelebt, da die Arbeiterverbindungen, welche als politische Factoren aufzutreten beginnen, sich international constituiren und da andererseits die staatenbildende Kraft des Nationalitätenprincips erschöpft, die geschichtliche und culturelle Aufgabe dieses Princips gelöst ist und grössere staatliche Veränderungen unter dem Drucke dieses treibenden Elementes nicht mehr zu erwarten sind. Da ist es nun klar, dass Oesterreich bestimmt ist, eine führende Rolle in der politischen und wirthschaftlichen Entwicklung Europas zu nehmen.

Es steht an der Grenze der europäischen Cultur, an der Grenze der constitutionellen Staaten, es lehnt sich an Gebiete, welche einer einseitigen industriellen Entwicklung noch nicht verfallen sind, welche für Cultur empfänglich und an verfassungsmässige Zustände noch nicht gewöhnt sind, es ist Oesterreich berufen, den Nationalitätenhader ad absurdum zu führen und demnach auch mehr als ein anderer civilisirter Staat in Europa berufen, sich über seine eigenen Grenzen auszudehnen (was aus nationalen Antrieben hervorgegangene Staaten nur im beschränkten Masse vermögen, daher ihnen welthistorische Missionen verschlossen sind), und das an Schätzen reiche, den nordamerikanischen Territorien verwandte Gebiet nicht nur der europäischen Türkei, sondern aller Staaten der Balkanhalbinsel in seinen Machtbereich zu ziehen. Nur Oesterreich kann die Staatsform für ein Gebiet finden, welches von nationaler Einheit absehen, auf welchem daher die directe Fürsorge des Monarchen für das Wohl des gemeinen Mannes allem Geschrei nach einer Repräsentativ-Verfassung ein Ende machen muss.

In fernerer Zukunft, und wenn sich das Land vom auswärtigen Capitale unabhängig gemacht hat, wird es wohl Zeit sein, dem Volke auch eine Verfassung zu geben, welche aber bei der Vereinfachung aller Verhältnisse und der Gleichheit aller Bewohner ein eigenartiges, von der Interessenvertretung grundverschiedenes Gepräge haben müsste.

Der oben erwähnte Beitritt zahlreicher Hauscommunionen würde dahin führen, dass sich eine Art von Selbstverwaltung und gewisse politische Rechte herausbilden würden. Das Volk würde wohl begreifen, dass die Befugnisse des Starjesina der Gesellschaft dauernd übertragen werden müssten, weil ihr mobiles Vermögen und die ihr zur Verfügung stehenden intellectuellen Kräfte einen Erfolg ermöglichen, den eine kleine Hauscommunion nie erzielen kann. Dadurch würde nun aber auch das Familienerbvermögen entfallen und die beitretende Familie würde sich nun als Ersatz dafür das Bürgerrecht bedingen, welches der Familie dieselbe Sicherheit und höheren Genuss böte, als das dafür hingegebene Vermögen. Das Bürgerrecht, dessen man nur durch Verbrechen verlustig gehen könnte, würde das Heimatsrecht und die damit verbundene Versorgung der Kranken und Arbeitsunfähigen, ferners das Recht in sich schliessen, Wohnsitz und Beruf nicht ohne freie Wahl zu ändern, an der Controlle Theil zu nehmen und für den Fall der Herausbildung verfassungsmässiger Zustände bei den Volksabstimmungen das Stimmrecht auszuüben. Fremde Ansiedler würden von diesem Zeitpunkte ab nur mit Zustimmung der Bürger vorübergehende Aufnahme oder Aufnahme als Bürger erlangen können und zwar gegen Einkauf, für dem Volke geleistete Dienste oder nach einem vieljährigen Aufenthalte als Arbeiter im Lande bei tadelloser Aufführung.

Im Falle der Einführung einer Verfassung – jedenfalls erst nach Abfertigung der Gesellschaft – wäre der bis dahin zur Entwicklung gelangte administrativ-wirthschaftliche Zustand als der gesetzliche zu erklären, der ohne Beistimmung des Kaisers und Volkes nicht verändert werden kann. Es wäre directe Volksabstimmung und Discussion der Landesangelegenheiten in einem allgemein verbreiteten Regierungsblatte in's Auge zu fassen.

Die Länder des Balkans galten für nichts, so lange man den Werth von Grund und Boden verkannte und alles auf Handelsbeziehungen und Industrieen gab, welche nur langsam und ohne directen staatlichen Einfluss in's Leben gerufen werden können.

Amerika zeigt uns, was selbst nicht organisirte Thatkraft leisten kann, wenn die jung aufstrebende Industrie staatlich geschützt ist.

Für eine solche Politik würde das Gebiet der »Zadruga« als Versuchsstation dienen, dort würde sich unter der Firma einer anonymen Gesellschaft erproben lassen, was durch staatlich organisirte Production erreichbar ist und bringt man es dahin, dass der Strom europäischer Auswanderer nicht nach Amerika, sondern unter das Banner Oesterreichs flüchtet, dann kann dieses ohne Besorgniss an der Seite Deutschlands eine active Rolle übernehmen, die es bisher immer von der Hand gewiesen hat.

Die Gesellschaft böte der Regierung den Vortheil, dass etwaige Missgriffe ihr Ansehen nicht beeinträchtigen und dass die Schuld des allfälligen Misslingens, vor der Welt auf die Gesellschaft fiele. Man könnte daher auch leichter wieder den betretenen Weg verlassen, wenn er sich als unvortheilhaft erwiese und das gesellschaftliche Eigenthum veräussern oder verpachten oder nach der gewöhnlichen Art mit Lohnarbeitern bewirthschaften.

Wenn nun aber fernere politische Ziele auf eine Massregel von scheinbar geringerer Bedeutung hinweisen, so ist doch andererseits dafür zu sorgen, dass näher liegende Interessen nicht gefährdet werden und da eine Expropriation in etwas grösserer Ausdehnung Anstoss bei der Bevölkerung erregen könnte, müssten wohl sorgfältige Erhebungen voraus gehen. Es wäre daher nicht nur die künftige Organisation des zu expropriirenden Territoriums zunächst nur nothdürftig zu enthüllen, sondern auch zu versuchen, ob nicht ein Gebiet in genügender Ausdehnung im Wege der Verhandlung allenfalls gegen Actien zu erwerben wäre. Der Widerstand Einzelner ist nicht mehr zu fürchten, sobald Erfolge erzielt sind und der massgebende Theil des Volkes, nämlich der numerisch und physisch stärkere, Vertrauen in die Absichten und die Kraft der Regierung gewonnen hat und die angrenzenden Grundeigenthümer zur Erkenntniss kommen, dass sie wegen Mangels an Communicationen und Capital, höherer Ansprüche der Arbeiter und Unvermögenheit, die Organisation der »Zadruga« nachzuahmen, nicht concurriren können.

Die Beschaffung eines grösseren, durchaus arrondirten, Gebietes ist aber zur Garantirung des Erfolges unbedingt nothwendig.

Der Widerstand der Bevölkerung wird übrigens nicht sehr in's Gewicht fallen. Wenn der Verfasser recht berichtet ist, würde die Gesellschaft zunächst auf die Besitzungen mahomedanischer Begs zu reflectiren haben, die über beträchtlichen Grundbesitz verfügen. Diese Begs dürften zum Theil auswanderungslustig sein und jedenfalls hat man nichts von den Christen zu besorgen, wenn man gegen die der Zahl nach geringen türkischen Einwohner mit der Expropriation vorgeht. Auch wäre es erwünscht, wenn die Mahomedaner sich nach und nach aus Bosnien zurückzögen, da die Verwaltung einer christlichen Regierung sich auf die Dauer mit dem mahomedanischen Elemente nicht verträgt. Ihr Abzug würde die Administration vereinfachen und eine Frage lösen, welche in nicht zu ferner Zukunft sehr unbequem werden könnte. Andererseits würde die neue Einrichtung, welche es Jedem ermöglicht, seinen Unterhalt überall zu finden, wo die Gesellschaft herrscht, auch eine räumliche Sonderung der Griechen und Katholiken ermöglichen, was für die Verwaltung unläugbar ein grosser Gewinn wäre.

Soweit die Verhältnisse in Bosnien bekannt sind, würde eine Administration, welche auf volkswirthschaftlichem Gebiete ihre nächsten Erfolge anstrebt, unläugbar das Volk bald moralisch erobern. Elemente für eine grossartige Production sind genug vorhanden. Das Land ist von überschwenglicher Fruchtbarkeit und Mannigfaltigkeit und ebenso vielversprechend ist die Bevölkerung, die nur zum geringeren Theile indolent und arbeitsunlustig ist, wogegen viele Stämme an Fleiss und selbst mannigfaltigen, für das Kunstgewerbe verwendbaren, Geschicklichkeiten nicht leicht übertroffen werden können. Mahomedaner und Arnauten müssen, zunächst wenigstens, zurückgedrängt, die Griechen vom Aberglauben und Schacher abgezogen werden und bald wird das Volk fühlen, dass es unter den neuen Verhältnissen gewissermassen nur einen unsichtbaren Herrn über sich hat, was dem Selbstgefühle der Bewohner nicht empfindlich ist, dass aber doch nur der Einzelne für die Gesammtheit arbeitet und sorgt, eine den Slaven, besonders den Südslaven congeniale Verfassung der Zustände. Wenn das Alles von selbst herankömmt, nicht verlangt und bewilliget, sondern wie ein Segen, den die Zeit mit sich bringt, so wird es ohne jede Unordnung und Kampf abgehen. Der griechische Priester ist glücklicher Weise arm und daher bestechlich. Fühlt er, dass er mit der Gesellschaft rechnen muss, bietet sie ihm, was sie als Verwalterin der Gesammtproduction leicht thun kann, mehr als das Volk ihm bieten könnte, so wird er predigen, was man ihm vorschreibt. Er wird sachte den Aberglauben ausrotten helfen und den gläubigen Sinn des Volkes der österreichischen Regierung dienstbar machen. Hierin muss man allerdings ein wenig Geduld haben und dafür sorgen, dass die Popen aus solchen Elementen hervorgehen, welche eine entsprechende Erziehung in Oesterreich genossen haben. Das ist eine blosse Geldfrage zwischen der österreichischen Regierung einerseits und den Klöstern und Bischöfen andererseits und das Geld liefert eben die Gesellschaft.

An die Gebräuche und Gewohnheiten des Volkes muss man selbstverständlich überall anknüpfen, das Bessere nicht ohne Noth aufdrängen, sondern der natürlichen Wahl des Volkes überlassen, wo immer man auf einen wahrscheinlichen Erfolg rechnen kann. Eine Art von Luxus, einen Wunsch nach Verbesserung der materiellen Lebensbedingungen, soweit selbe durch organisirte Arbeit erreichbar ist, muss man einbürgern, wo man civilisiren will und bald wird sich zeigen, dass, was die Beamten und Functionäre, ihre Frauen und Kinder geniessen, die Nachahmung weckt und zeigt sich, dass die Gesellschaft vorbereitet ist, Jedem, der sich in die Verhältnisse schickt, gleiche Vortheile zu bieten, so wird sich bald ein Wetteifer entwickeln, der den Regierungszwecken entgegen kömmt. Es wird sich schliesslich jede Gemeinde als eine Familie betrachten, man wird die Bürgermeisterstellen den Aeltesten der angesehensten Familien übertragen und dergestalt eine wirthschaftliche Verfassung auf patriarchalischer Grundlage errichten, die als organisch aus dem Volke hervorgegangen einen ganz volksthümlichen Charakter annimmt. Dabei bildet der Organismus der Production, das Aufeinanderangewiesensein der entferntesten Gemeinden durch Theilung der Arbeit und das Aufhören eines jeden Handels eine nur durch die Gesellschaft verkörperte Vereinigung, einen Kitt, der die Familienbeziehung schliesslich über die Grenzen der Gemeinde hinaus erweitert und da ja doch für den Denkenden jede politische Frage nur eine Magenfrage ist, wird bald die Politik in der wirthschaftlichen Einrichtung gänzlich aufgehen und ein Zustand eintreten, wo unter der Führung des Monarchen Einer für Alle und Alle für Einen einstehen.

Die systematische Verdrängung der Mahomedaner durch neugeschaffene wirthschaftliche Verhältnisse ist ohne Verletzung der bestehenden Conventionen möglich, sie ist vom humanitären Gesichtspunkt statthaft, vom politischen vortheilhaft.

Sollte selbst theilweise die Expropriation gegen die Mahomedaner eintreten müssen, so würde darin doch keine Verletzung der Convention liegen, da ja der Oesterreicher selbst in Oesterreich sich die Expropriation gefallen lassen muss und die Expropriation nicht nur die Türken sondern auch die Christen beträfe. Der natürliche Gang der wirthschaftlichen Dinge würde aber bald dahin führen, dass der verschwenderische und faule Mahomedaner, sobald er aufhört zu herrschen und als Handelsmann überflüssig wird, verarmt und entweder auswandert, oder sich glücklich schätzt, wenn die Gesellschaft seine Kinder zur Erziehung übernimmt. So stürbe der Mahomedanismus aus. Da aber die neuen Einrichtungen Jedem, der arbeitet, eine menschenwürdige Existenz eröffnen, kann Niemand es beklagen, dass der faule, grausame und herrschsüchtige Mahomedaner den

Folgen seiner Laster erliegt und im schlimmsten Falle der Versorgung der Gemeinde oder der Arbeit anheimfällt. In politischer Beziehung würde dieser Erfolg der Administration Oesterreich nur Vortheile bringen. Es lässt sich ja doch die orientalische Frage in populärer Weise nicht anders ausdrücken als »hinaus mit den Türken«. Nirgends wird man daraus Oesterreich einen Vorwurf machen.

Die englischen Staatsmänner, welche der österreichischen Orientpolitik am Ersten Schwierigkeiten bereiten möchten, würden Beifall klatschen müssen, da sie vor allen Anderen den Ruf verbreitet haben, dass man die Türken aus Europa verjagen, die unterjochten Christen ihrer Herrschaft entziehen müsse. Nur Konstantinopel wird sich dagegen auflehnen, und einer starken, zielbewussten Politik wäre ein energischer Protest zur gegebenen Zeit nur willkommen, da sich daran die Weiterführung unseres Werkes anknüpfen lässt.

Inwieferne die Expropriation und die Ertheilung einer Zinsengarantie unter Verpfändung der Hilfsquellen des Landes ausserhalb der bisher factisch ausgeübten Regierungsgewalt im Occupationsgebiete liegt, ist dem Privaten nicht leicht zu beurtheilen, allein es kann wohl behauptet werden, dass die Ausübung eines solchen, bisher nicht in Anspruch genommenen Rechtes gerade gegenwärtig am ehesten ausführbar erscheint, da der Einfluss Russlands momentan geschwächt ist, und ist es selbst abgesehen von anderen Vortheilen politisch, ein solches Recht bei gelegener Zeit auszuüben, um in den unangefochtenen Besitz neuer Befugnisse zu gelangen.

Nicht hoch genug anzuschlagen wäre die voraussichtlich beträchtliche Vermehrung der Bevölkerung und die Erhaltung, vielleicht auch Erhöhung der physischen Tüchtigkeit der eingebornen Bewohner für die Wehrkraft Oesterreichs. Da die gesellschaftliche Erziehung, welche in Wirklichkeit eine staatliche wäre, von den ersten Kinderjahren an in Krippen, Kindergärten, Volks- und Gewerbeschulen bis zum Alter der Militärpflicht auf die Jugend wirken und die militärische Ausbildung vorbereiten würde, wäre ohne Zweifel ein grosser Gewinn für die politische Machtstellung der Monarchie von der vorgeschlagenen Organisation zu erwarten.

Die eigenthümliche Form der vorgeschlagenen Stellung der Regierung zur Gesellschaft würde es ausführbar erscheinen lassen, zur gelegenen Zeit das Actiencapital durch Umwandlung in Hypothekarschulden oder eine bosnische Staatsschuld bedeutend zu reduciren und die verbleibenden Actien insgeheim für die Regierung aus Fonden einzulösen, welche der parlamentarischen Controlle entzogen sind. Es könnte dann der österreichische Fiscus anonym unter der Firma einer Actiengesellschaft operiren und das Unternehmen ausschliesslich im Staatsinteresse fortführen.

Finanziell endlich ist unter der Voraussetzung der gänzlichen Arrondirung des gesellschaftlichen Gebietes und des Ausschlusses aller concurrirenden wirthschaftlichen Elemente der Erfolg des Unternehmens gesichert. Man schätzt heute das österreichische Joch Grund in Bosnien auf 20 fl., somit eine Quadratmeile auf 200.000 fl.

Würde die Gesellschaft zunächst 5 Quadrat-Meilen erwerben, bewohnt von etwa 6–7000 Menschen, so würden Grund und Boden auf eine Million, der Häuserbesitz auf höchstens drei bis vier Millionen zu stehen kommen und ein Betrag von sieben Millionen würde reichlich genügen, um dieses Gebiet für Landwirthschaft, Industrie und Bergbau zu investiren.

Auf diese Art wäre die zuerst einzuzahlende 40%ge Quote des Actiencapitales in der Höhe von 12 Millionen zu verwenden.

Nach zwei bis drei Jahren würde das Experiment so weit erprobt und der Credit der Gesellschaft so weit gefestiget sein, dass sie ohne Zweifel von Jahr zu Jahr zehn bis zwanzig, auch dreissig Quadrat-Meilen ihrem Gebiete einverleiben könnte und in längstens zwölf Jahren dürfte sich ihr Gebiet auf zwei bis dreihundert Quadrat-Meilen und ihre Bevölkerung mit Einrechnung der Einwanderer auf etwa eine Million belaufen.

Sobald eine Organisation geschaffen ist, welche die rasche Assimilation neuer Gebiete erwarten lässt, wären zunächst noch die aushaftenden 18 Millionen auf das Actiencapital einzufordern und weiters nach Bedarf Prioritäten auszugeben. Da mit dem Fortschreiten der Civilisation und der Industrie im Lande die eigenen Arbeitskräfte nach und nach sicher ausreichen dürften, die Neuinvestirungen, zum grösseren Theile wenigstens, zu bestreiten, wird das Gesammtcapital von 90 Millionen an Actien und Prioritäten wahrscheinlich genügen, um den ganzen Plan durchzuführen.

Uebrigens wird auch mit geringerem Capitale eine rasche Erweiterung des gesellschaftlichen Unternehmens möglich sein. Wo immer Gemeindeeigenthum, Staatseigenthum oder Religionsfondsgüter sich befinden, wird es sofort thunlich sein, diese Territorien auf Grund von Pachtverträgen auf 50 Jahre in den gesellschaftlichen Betrieb einzubeziehen. Die Investirungen auf den Staatsgütern schaffen gar keine Complicationen, weil das Gesellschaftsvermögen ohnehin dem Staate zufällt und die Investirungen auf Gemeinde- und Religionsfondsgütern würden entweder auf den Rückfall nach 50 Jahren berechnet werden, oder Rechtsfragen schaffen, welche der Staat nach Ablauf der Pachtdauer nach Belieben ausnützen oder zu Gunsten der Fonde lösen könnte.

Auch ausserdem würde sich der gesellschaftliche Besitz rasch vermehren, ohne dass es nöthig wäre, im ausgedehnten Massstabe zur Expropriation zu greifen oder grössere Geldmittel zur Erwerbung von

Grund und Boden aufzuwenden. Es wurde schon oben die Wahrscheinlichkeit des Beitrittes der Hauscommunionen und die Modalitäten dargestellt, wie selber erfolgen könnte. Man glaubt, dass auch die Priester für diesen Beitritt agitiren würden und Personen, die die Verhältnisse in Serbien kennen, glauben, dass sich für das Project unter der serbischen Bevölkerung leicht Propaganda machen liesse. Dasselbe gilt auch für Bulgarien und wäre es umso sicherer in Bosnien von Erfolg. Es liesse sich übrigens auch für die Aufnahme von Hauscommunionen in Serbien und Bulgarien eine Form finden, wenn auch dort die vermögensrechtlichen Beziehungen zur Gesellschaft nicht zugleich die politische Administration in sich schliessen könnten. Der gesellschaftliche Beamte könnte der Regierung gegenüber immerhin die Stellung des Starĵesina einnehmen.

Ausländische Arbeiter geringerer Qualität würde man ohne baaren Lohn auf Kündigung in den Dienst der Gesellschaft aufnehmen und Werkführer oder Vorarbeiter, Aerzte, Lehrer, fachmännisch gebildete Beamte würden Lohn oder Gehalt beziehen, der ausser der Naturalverpflegung gewährt und von Jahr zu Jahr steigen würde, um die Erhaltung der tüchtigen Elemente zu sichern.

Von dem Zeitpunkte ab, wo der gesellschaftliche Besitz eine Ausdehnung von etwa 250 Quadrat-Meilen erreicht hat, soll die Concessionsdauer von 50 Jahren berechnet werden, insofern sich mit der Zeit nicht die Erspriesslichkeit einer Erweiterung der Concession ergäbe.

Nehmen wir an, dass 12 Millionen zur Erwerbung und Investirung von fünf Quadrat-Meilen mit einer Bevölkerung von 7000 Menschen genügen, so müsste zur Erzielung von sechs Perzent und der laufenden Amortisationsquote ein Reingewinn von circa 750.000 fl. erreicht werden, was bei einem Arbeiterstande von etwa 5000 Menschen, einem fruchtbaren Boden und der so vortheilhaften Organisation der Arbeit und Verwaltung, gewiss leicht zu erreichen ist. Das umsomehr, nachdem mindestens sieben Millionen ausser dem erworbenen Immobilarbesitz investirt werden und deren Verzinsung nicht aus der Arbeits- sondern aus der Capitalsrente resultirt.

Wie schon erwähnt, würde man in den beiden ersten Jahren auf einen pecuniären Ertrag gar nicht rechnen und die Zinsen dem Capitale entnehmen, was im Handelsgesetze begründet und nichts weniger als schwindelhaft ist. Es wären das Organisationskosten, die vernünftig angewendet wären, da es vor Allem gilt, unter den Bewohnern für das gewiss gesunde und wohlthätige Unternehmen Propaganda zu machen.

Würde aber die Frage aufgeworfen, wie für später Zinsen und Amortisation aufgebracht werden sollen, so ist Folgendes zu bemerken. Auf dem Gebiete der »Zadruga« ist durch die Production vor Allem für den

Bedarf der eigenen Leute reichlich zu sorgen, wobei eben jede Concurrenz ausgeschlossen ist. Zunächst dann ist daran zu denken, den Markt in Bosnien und den angrenzenden Gebieten zu erobern, was industriell und mercantil gleich geringe Schwierigkeiten bietet. Denn da diese Gebiete bisher ihren Bedarf meist durch Hausindustrie deckten, wird die schon besser geschulte Industrie der »Zadruga« bald für diesen Markt das Bessere erzeugen. Mercantil ist aber die Gesellschaft durch die Lage ihres Gebietes und die darauf berechneten, neu angelegten Communicationen dabei dem Auslande voraus.

Im Auslande und besonders in den österreichischen Provinzen würde die Gesellschaft bald an Holzproducten, vielleicht auch Glas, Obst, Gartenfrüchten, Schlachtvieh, Leder, erheblichen Absatz finden. Man darf auch gar nicht daran verzagen, an eine Luxusindustrie zu denken. Bedeutende Geldeinnahmen und die beste Verwerthung der gesellschaftlichen Erzeugnisse wären vom reisenden Publicum zu erwarten, welches das Land, in welchem persönliche Sicherheit herrscht und Communicationen aller Art hergestellt sind, massenhaft besuchen würde. Die Naturschönheiten ebenso, wie ethnographische, archäologische, geologische und volkswirthschaftliche Studien würden viele Tausende dahin führen und wäre für sie das Gebiet der Gesellschaft ein grosses Hôtel mit allen erdenklichen Bequemlichkeiten. Das System der Pensionen würde erweitert und dem Reisenden gegen eine Zahlung per Tag in verschiedenen Kategorien eine alle Reisebedürfnisse umfassende Versorgung geboten. Für ein Geringes würde da der Tourist überall gewöhnliche Unterkunft und Verköstigung, für grössere Zahlung der Reiche glänzenden Haushalt, Begleiter, Dolmetsch und Fuhrwerk oder Tragthiere ohne kleinliche Einzelberechnung finden. In den gesellschaftlichen Bazars würde man sich mit Mancherlei versorgen und die Gesellschaft, bei welcher der Reisende seine Baarschaft deponirt, würde sich am Ende der Reise mit ihm verrechnen. Diess veranschaulicht die Alles umfassenden Vortheile der einheitlich organisirten Volkswirthschaft für Production sowohl als Consumtion, da sie für die Wirthschaft ist, was der Saldosaal für den Geldverkehr.

Allein abgesehen von den zu erzielenden jährlichen Arbeitsüberschüssen ist ja die collossale Erhöhung des Werthes von Grund und Boden in 50 Jahren in Betracht zu ziehen und kann auf Abschlag dieser Erhöhung des Bodenwerthes und aller in den ersten Jahren erfolgten Immobiliarinvestirungen der Jahresgewinn bilancirt und darüber statutengemäss verfügt werden. Auf Grund dieser Erhöhung des Bodenwerthes, der seinerzeit dem Staate zufällt, kann derselbe ohne Zweifel mit ruhigem Gewissen Zinsen und Capital garantiren.

Kann nun die Bevölkerung zur Arbeit herangezogen werden und wird der Productionswerth der Arbeit durch Maschinen erhöht, so wird das finanzielle Resultat immer glänzend sein, wenn es sich auch nicht in baarem Gelde ausdrückt.

Wo fleissige Hände, unterstützt von mobilem Capitale, einen fruchtbaren Boden bebauen, entstehen Reichthümer jeder Art und der Werth des Immobiliarbesitzes, den die Gesellschaft erwirbt, muss sich, abgesehen von den sonstigen Gütern, die sich im Laufe der Jahre anhäufen und zum gesellschaftlichen Vermögen gehören, um das Zehnfache erhöhen. Obwohl der gesellschaftliche Besitz gewissermassen dem Verkehr entzogen wird, kann doch die Erhöhung der jährlichen Production und die Vermehrung der Bevölkerung, worüber die gesellschaftlichen Bücher ein zuverlässiges statistisches Material liefern, als eine Grundlage für die Schätzung dieser Werthserhöhung dienen.

Dass aber die Bevölkerung unter den geschilderten Verhältnissen zur Arbeit herangebildet wird, ist keinem Zweifel unterworfen. Es ist längst constatirt, dass der gemeine Mann für die Wohlthaten menschlicher Behandlung und wohlwollender Förderung seiner Interessen empfänglich ist und schon Owen hat die Erfahrung gemacht, dass humane und milde Behandlung des Arbeiters und Fürsorge für sein Wohl den Arbeitsgeber bereichern. Es ist dabei in Rechnung zu ziehen, dass Ordnung und Regelmässigkeit allen Unternehmungen, insbesondere aber den wirthschaftlichen Unternehmungen im höchsten Grade förderlich ist.

Und nicht leicht kann irgendwo die Ordnung, Regelmässigkeit und Stetigkeit eines Betriebes so gesichert erscheinen, als auf einem grossen geschlossenen Gebiete, wo es nur einen Hausherrn gibt, der zugleich Arbeitsgeber, Familienvater und Obrigkeit ist, wenn übrigens die Regierung diese alle Beziehungen umfassende Gewalt in Schranken hält.

Dass die Gesellschaft nur Mandatar der Regierung ist, ist zwar evident, allein es genügt doch die vorgeschlagene Form, um Bedenken zu beseitigen, die sonst beim heutigen Stande der politischen Verhältnisse auftauchen könnten und sind die garantirten Bahnen ein Präcedens, das einerseits zur Rechtfertigung dient, andererseits andeutet, welchen Verlauf die vorgeschlagene Einrichtung in Beziehung auf die Stärkung der Regierungsgewalt nehmen wird.

Bedenkt man die wirthschaftlich glänzenden Erfolge der Jesuitenrepublik in Paraguay, der Gründung am Salzsee und der Herrenhutergemeinde, so kann ein wirthschaftliches Bedenken keinesfalls aufkommen.

Es ist nicht zu zweifeln, dass sich in Bosnien eine ganz respectable Industrie entwickeln würde, wenn man sich darum bemühen wollte, die bestehenden Hausindustrieen auf einen höheren Stand der Ausbildung zu bringen und ihnen einen Markt zu eröffnen, abgesehen davon, dass es nichts Vernünftigeres geben könnte, als die arme Bevölkerung des Riesengebirges mit ihrer Spitzenindustrie in ein Land zu versetzen, wo Milch und Honig fliesst und der Zwischenhandel sich ersparen liesse.

Es möchte Befremden erregen, dass ein über die abendländischen Culturzustände weit hinausreichender Grad wirthschaftlichen und culturellen Fortschrittes für ein Land begehrt wird, das heute noch in Barbarei versunken liegt. Allein es ist das vollkommen erklärlich. Die Residenz eines neu entstandenen Staates wird an Zweckmässigkeit und Schönheit der Anlage leicht den Herrschersitz eines uralten Staates überflügeln. Man hat eben Raum, und braucht keinen Schutt wegzuräumen, um Platz für Neubauten zu gewinnen. Wenn zur Zeit der Nürnbergereier die Remontoiruhr erfunden worden wäre, hätte kein Besitzer eines Nürnbergereis daran gedacht, seine Uhr in eine Remontoiruhr umzuwandeln, dafür aber auch Niemand, der eine neue Uhr brauchte, nach dem veralteten Ei gegriffen. Man wird aber sagen, ein Volk sei kein Industrieerzeugniss, es wachse, wie ein Naturproduct. Wozu dann Bosnien occupiren, wenn ein Eingriff in sein natürliches Wachsthum nicht möglich ist? Dieser Eingriff ist möglich und jedes Gesetz, jede Verwaltungsmassregel hat den Zweck, auf die Entwicklung des Volkes entscheidenden Einfluss zu üben. Dieser Einfluss ist aber ein vielfach mächtigerer, seit die Volksschule zu grosser Entwicklung gelangt ist und wenn der Staat seine Befugnisse erweitert und auch in der Volkswirthschaft nicht nur leitend, sondern verwaltend eingreift. Bald wird man einsehen, dass der Staat den Beruf hat, seine Sphäre immer weiter auszudehnen und dass er insbesondere den Beruf hat, Unternehmer zu sein.

Es ist für die Entwicklung des Menschengeschlechtes höchst wünschenswerth, dass ein Unternehmen der hier geschilderten Art unter staatlicher Aegide versucht werde und wird sich bald zeigen, dass der Staat berufen ist, die Erziehung und die Volkswirthschaft nicht blos zu fördern, sondern ihnen durch directe Einflussnahme die Wege zu weisen.

Es hat der Staat nicht nur daran ein Interesse, dass die Kinder acht Jahre in die Schule gehen, sondern auch, wie sie in der Wiege und den ersten Jahren ihrer Entwicklung behandelt und gepflegt werden. Da schon werden die Keime einer verfehlten physischen, geistigen und moralischen Entwicklung gelegt und die Priester würden sich nie mit der blossen Schulaufsicht begnügen, sie wissen, dass ihre Lehren in den Jahren der frühesten Kindheit eingeprägt werden müssen, wenn sie Wurzel fassen sollen. Ein gleiches Interesse hat der Staat und haben sich die Eltern einmal daran gewöhnt, ihre

Kinder während der etwa 10-stündigen Arbeitszeit auch schon in der frühesten Jugend der öffentlichen Pflege und Erziehung zu überlassen, zeigt es sich, wie viel Arbeit in der Familie dadurch frei wird (Siehe Paris) und dass darin auch Oekonomie liegt, so wird die Bevölkerung die Vortheile der staatlichen Erziehung bald begreifen.

Die Stellung der Regierung zur Leitung der gesellschaftlichen Einrichtungen wird ihr die Herzen der Bevölkerung gewinnen.

Die Regierung wird den Arbeiter auf administrativem Wege ganz anders schützen können, als durch civilgerichtliche Judicatur und die allzusehr herabgesetzte politische Administration wird wieder zu Ehren kommen.

Es wird das viel zur Richtigstellung gewisser Doctrinen beitragen, wenn neben den modernen Staaten sich ein Gebiet ohne Richter und Anwälte, ohne Finanzbeamte und Kaufleute, ohne Banken und Geld und ohne Deputirte aufrichtet und wenn die constitutionelle Regierung zu Hause mit der Autorität auftreten kann, die ihre Erfolge im absolut regierten Gebiete rechtfertigen. Man wird finden, dass der Rechtsstaat kein Gerichtsstaat sein muss, ja dass die unveräusserlichen Rechte der Menschen nur im administrativen Wege ausgiebig geschützt werden können.

Die Aufbringung des Capitals mit Ausschluss aller Börsenmanöver wird möglich sein, wenn man das Unternehmen als ein patriotisches lancirt und wenn der Monarch Denjenigen sein Wohlgefallen bezeigt, die sich an dem Unternehmen betheiligen. Ordenslustige und adelssüchtige Personen, grosse Banken, reiche Financiers, hohe Aristokraten und Prälaten werden sich dann bereit finden lassen, die Actien zu zeichnen.

Auch ist anzunehmen, dass mancher Grundbesitzer in Bosnien seinen Besitz gegen Actien verkauft.

Sind aber die 30 Millionen auf diese Art nicht zu beschaffen, so müsste man um des grossen Zweckes willen sich zu einem Zugeständnisse an die Finanzwelt entschliessen und Actien im Betrage von 100 fl. concessioniren.

Es wäre solchergestalt dem Socialismus Alles entlehnt, was den Staatsinteressen förderlich ist, ohne dass die Dinge auf den Kopf gestellt und erworbene Rechte gefährdet würden. Es hätten die Anhänger beider Richtungen, der reformatorischen und der capitalistischen, ihr räumlich getrenntes Gebiet und der Abfluss der unbeschäftigten Arbeiter nach einem neuen Asyle würde einerseits dem Elende auch bei uns steuern, andererseits der gefährlichen socialistischen Agitation die Spitze abbrechen und ihr die Streitkräfte entziehen.

Printed at Repro India Ltd.